未来能源

探索月球

神奇地球

神秘机器人

第一辑·全10册

奇妙的人体

深海之谜

太空之旅

走进热带雨林

第二辑·全10册

宇宙中的星体

伟大的发明

神奇的火车

沙漠之旅

第三辑·全10册

显微镜探秘

野生动物

奇趣萌宠

鸟类不简单

第四辑·全10册

神秘的古埃及

印第安人

伟大的探险家

未来世界

第五辑·全10册

蛇的故事

考古探秘

马的生活

舞蹈的魅力

第六辑·全10册

生物质资源
2023 NEW

石器时代
2023 NEW

第七辑·全8册

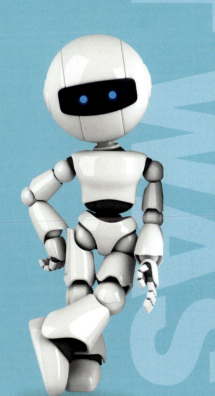

学习源自好奇 科学改变未来

WAS IST WAS

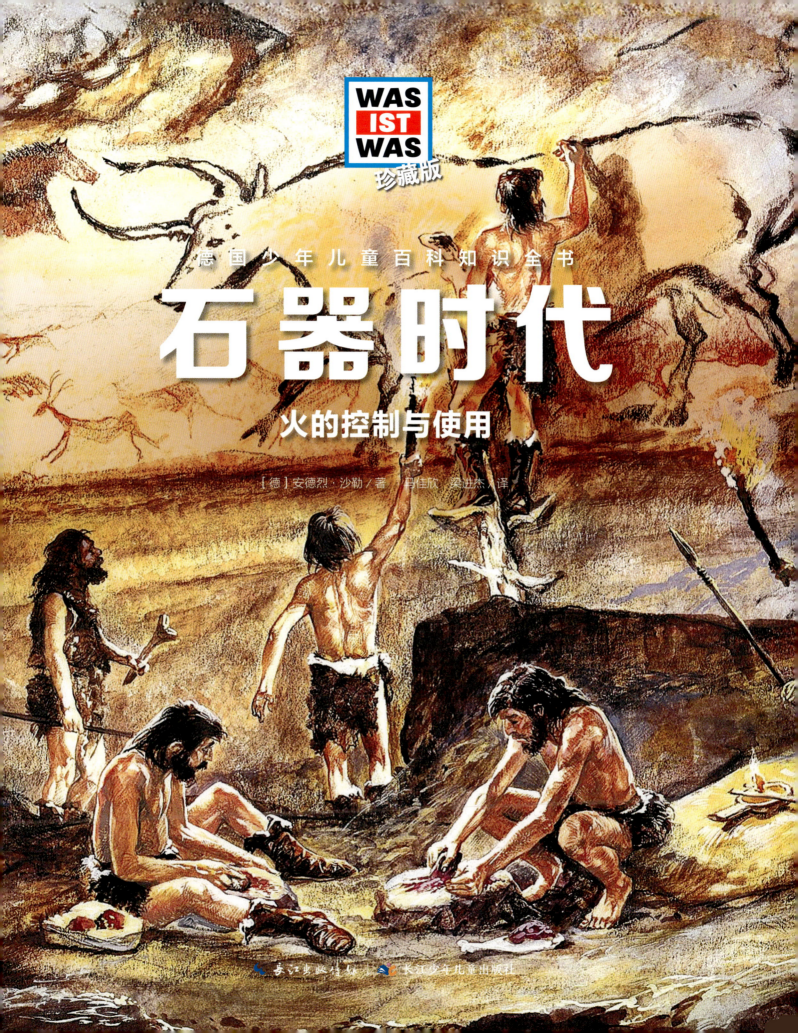

方便区分出不同的主题！

真相
大搜查

6

直立行走，努力创新：
人类在非洲的起源！

8

头脑发达的肌肉男——尼安德特人绝对不是笨蛋！

12

人类是如何学会控制和使用火的？火有什么用途呢？

人们手工收割谷物，并用力抖动使它们的外壳脱落下来。

21

珍珠项链的前身——用精巧的石制工具在贝壳上钻孔，并用动物的筋将它们串成一串。

19

26 欢迎来到石器时代的电影院！洞穴壁画里飞奔的动物们就像活过来了一样。

31 用猪换石头？是的，石器时代就已经有长途贸易了！

无菌燧石刀片、钻研精神和一点点运气使得脑外科手术成为可能，病人因此而延长了若干年生命。

35

符号▶代表内容特别有趣！

重要名词解释！

46 2007 年，人们在西伯利亚发现了冰封的猛犸象幼仔"柳芭"，科学家们为此兴奋不已。

玛利亚与野牛群

不可思议！玛利亚竟然在阿尔塔米拉洞穴里发现了成群的野牛、野猪、野马和驯鹿的壁画。

故事发生在1879年。马塞利诺·桑斯·德·桑图奥拉爬过了崎岖不平的地面，来到了一个神秘的洞穴。几年前他第一次踏足这里时，发现了洞穴中有许多骨头和各种奇形怪状的石器，它们看起来非常古老。今天，他带着挖掘工具和火把再次来到这里，因为这次他想更仔细地观察一下，期望能有更多新的发现。9岁的女儿玛利亚也想一起去。她喜欢和父亲一起去探险，探寻新的事物。他们一家人住在西班牙的一座乡间大别墅中，那附近有森林、草地、田野和丘陵，当然，还有这个神秘的洞穴。从五岁起，玛利亚就多次陪伴父亲到洞穴中探险，他们一起在那里发现了动物的骨头和牙齿、贝壳、箭头以及手斧。

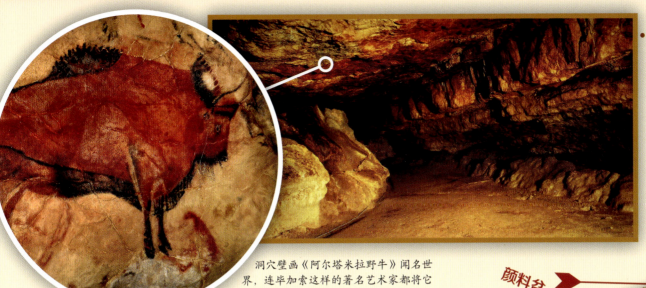

洞穴某些地方的高度还不到1米，人们猜测画家一定是躺着在这里作画的。

洞穴壁画《阿尔塔米拉野牛》闻名世界，连毕加索这样的著名艺术家都将它视为完美的艺术品。

颜料盆

参观阿尔塔米拉洞穴：这是洞穴壁画的一个复制品，它的展出地距离原洞穴只有几十米远。另一个复制品则收藏于慕尼黑德意志博物馆。

在头顶扑面而来

当父亲挖掘洞穴的其他地方时，玛利亚认真地看着洞穴的岩壁。因为她个头比较小，所以能直起身子行走，不必弯腰低头。在火把闪烁的光线下，她沿着崎岖的岩石通道慢慢地向里走。

忽然，她停下脚步，睁大了眼睛，如遭雷击。这不可能！野牛在头顶扑面而来！数百头野牛在洞穴顶部嬉戏奔跑！仔细一看，原来那是野牛壁画。壁画非常生动，所有牛都是红色和棕色的。玛利亚激动地把父亲喊过来。

马塞利诺先生拿着火把冲了过来。他们一起观赏这些壁画，忍不住惊叹：壁画上成群结队的动物，有的在奔跑，有的平躺着，有的站立在凹凸不平的岩石上，它们栩栩如生，触手可及。究竟是谁创作了这些壁画呢？

古老还是崭新之作？

马塞利诺先生十分兴奋，他坚信玛利亚发现了一些非常特别的东西：来自史前时代的古老艺术品！他向许多人介绍了阿尔塔米拉的洞穴壁画，甚至还邀请了当时西班牙的国王前来参观。他想弄清楚这些洞穴壁画的来历。

然而，令他失望的是，当时的科学家认为

这些壁画很可能只是小孩子们乱涂乱画随意创作出来的。他们完全无法想象，人类的祖先曾生活在洞穴中，并绘制了如此精美的壁画。

但是他们都错了。许多年后，在法国和西班牙其他的洞穴中，人们也发现了类似的画作。越来越多的科学家开始对此进行研究。直到1902年，大家终于清楚了：阿尔塔米拉洞穴壁画的创作时间要追溯到石器时代，距今大约有1.4万年！因此，玛利亚·桑斯·德·桑图奥拉就是第一个发现石器时代洞穴壁画的人。

▶ 你知道吗？

阿尔塔米拉洞穴位于西班牙北部。它占地5500平方米，长约270米，绘有260多幅壁画。史前人类在这个洞穴中居住了上千年，直到大约1.3万年前，洞穴的入口被落石堵住了。这些壁画被发现后，许多游客慕名来参观，导致壁画墙壁开始脱落损坏。从1979年开始，阿尔塔米拉洞穴大多时候都是被封锁起来的。直至2014年，洞穴再次开放，但是每天只接待很少的游客。

最早的人类

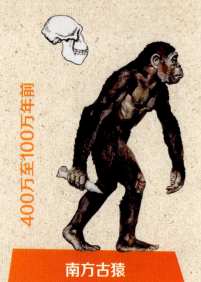

400万至100万年前

南方古猿

身材矮小，与猿类很像；额头平坦，眼睛上方眉毛处有隆起，嘴巴向前略微凸出。

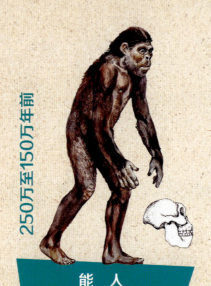

250万至150万年前

能 人

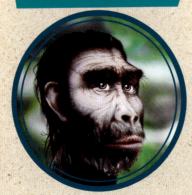

脑容量更大，脸部较窄，与猿类不太相像，身高只有1.5米左右。

最早的人类出现在距今700万到600万年前的非洲。那个时候，原始猿类分化为两类——类人猿和人类。我们人类的祖先拥有比类人猿更大的脑容量和更小的牙齿，而且他们用两条腿直立行走。所有这些特征使得第一批人类能更好地适应草原生活，他们挺直背部，就可以看到更远处。他们还意识到，团队行动比单独出行走得更远，所以他们还学会了分工合作，并发展出一种早期的交流方式，从而实现知识的分享和经验的传授。

"露西"与其他早期人类

最早的人类被称为"南方古猿"，意为"南方（非洲）的猿猴"。从骨骼化石我们可以知道，南方古猿和黑猩猩差不多大，他们直立行走，并能使用简单的工具。1974年，人们在埃塞俄比亚发现了一具女性南方古猿的骨骼化石，化石保存得非常完好，研究人员将她命名为"露西"。2000年，人们在同一地区发现了保存完好的幼儿骨骼化石。

迄今为止，所有已知的南方古猿的出土物都是在东非和南非发现的，有100万到400万年的历史。但有一点尚不清楚：其他大陆也生活着这样的"原始人类"吗？

具有创造精神的人类

像露西这样的早期人类可能只会使用简单的树枝和兽骨，从来没有接触过其他工具，但他们不断地思考、进化，直到大约250万年前，

英 国
大约50万年前

格鲁吉亚
大约180万年前

中 欧
大约60万年前

西班牙
大约78万年前

北 京
大约67万年前

爪哇岛附近的弗洛雷斯
大约9.5万年前

爪哇岛
大约50万年前

"人类的摇篮"东非
大约200万年前

人类从非洲走出来，到达欧洲和亚洲。考古学家不断地发现新的出土文物，逐渐把这些时间精细化。因此，这些数字只是近似值。

出现了一种新的人类——能人。这种人类与今天的人类很相似，他们的骨盆和双脚已经适应了直立行走。某一天，一位能人突然有了自己制作切割工具的想法。他用一块河流砾石作为锤石，用来加工碎石和较大石块。石头被加工后形成了锋利的边缘，可用来切割。

在制造工具前，早期人类首先要清楚这个工具的用途。为了让其他人也能从中受益，他们还必须记住如何制作和使用这种工具，并且要学会沟通，从而把知识和经验传递给他人。这些特征共同塑造了真正的人类！

180万到20万年前

直立人

拥有更大的脑容量，更小的牙齿，脸部扁平，下巴很短，身高达 1.65 米。

精巧实用的工具——手斧

大约在 180 万年前，手斧出现了。这是人类祖先第一次有意识地赋予工具形状：一端是圆钝的握持部分，另一端是尖锐的斧头。手斧是一种非常实用的多功能工具。人类使用手斧的时间大约有 160 万年，比任何其他的人类发明都要长久。

手斧很可能是由直立人发明的。他们生活在 180 万到 20 万年前的非洲。显然，直立人很勇敢，他们乐于发现和探索。因此，他们也走向了亚洲和欧洲。

1907 年，人们在德国海德堡发现了古老的海德堡人化石，他们生活在大约 60 万年前，可能属于直立人。最古老的欧洲人可能也属于直立人：1994 年，人们在西班牙的阿塔普埃卡和意大利的切普拉诺发现了最早的欧洲人的骨骼化石，他们生活在大约 80 万年前。

制作工具，开始！

1 牢牢握住一块石块，或者将它放在平坦的地面上，然后用锤石敲掉边缘。

2 均匀打磨石块边缘，小心碎石飞溅！

3 带有尖端和锋利边缘的切割工具已制作完成，它很适合拿在手中！

猛犸象的骸骨

在乌克兰发现了距今大约有4万年历史的尼安德特人的居所遗址。他们用猛犸象的骸骨、獠牙和皮毛搭建居所，占地面积约20平方米。在其他地方，早期人类也使用熔岩搭建居所。

思想家们，注意啦！尼安德特人的脑容量比你们的还要大，他们经常动脑思考。

尼安德特人和晚期智人

20万至3.9万年前

尼安德特人

强壮的体格，宽大的脸，深陷的眼眶，身高可达1.66米。

尼安德特人由海德堡人进化而来。关于尼安德特人的说法众多纷繁：有人说尼安德特人笨手笨脚、迟钝糊涂，但浑身是劲。而有的人则认为，他们是第一种有文化的人类。我们应该如何理解这些完全不同的观点呢？1856年，在德国杜塞尔多夫的尼安德特河谷附近的洞穴中，矿工发现了一具骸骨。这是最早发现的人类化石之一。经过后来的研究证明，这具骸骨大约有4万年的历史。引人注目的是，这具骸骨的骨骼和关节都很粗壮。在扁平的头骨上，两块眉骨直接相连，并向前突出，在眼眶上形成整片的眉脊。研究结果显示，这具骸骨属于一名50岁左右的尼安德特人。

关于尼安德特人的争论

然而在1856年，南方古猿露西还没有被发现，没有人知道史前人类的存在。当时的人们认为，自世界之初人类就一直是今天这个样子。因此，研究人员对尼安德特人的存在问题展开了激烈的争论。当人们在比利时和直布罗陀也发现了类似的头骨和其他骨骼时，他们意识到，史前人类确实存在！后来，具有相同特征的史前人类陆陆续续地被发现，从欧洲西部到非洲北部，从葡萄牙到乌兹别克斯坦，他们分布在世界上80多个地方。

尼安德特人的新发明：把石尖或骨尖用作掷矛的矛头。

掷矛

▶ 尼安德特人据说很蠢笨，但他们的脑容量一点儿也不小，甚至比现代人还要大一点！

▶ 1997 年，在距离骸骨首次被发现的 140 多年后，人们再次挖掘到尼安德特人的遗迹。随着新遗迹的出土，"第一个尼安德特人"的信息也得到了相应的补充和完善。

▶ 科学家们通过现代基因研究技术知道了我们的祖先并不是尼安德特人，而是 30 多万年前在非洲发展起来的晚期智人。

晚期智人用木柱搭建小棚屋，并把石头堆叠起来用来加固。墙壁和屋顶覆盖着毛皮，在炎热的地方则用棕榈枝叶来遮挡。

根据遗迹首次被发现的地点，他们被命名为尼安德特人。尼安德特人生活在距今 20 万到 3.9 万年前。

从野蛮人到社会人

一直以来，研究者都认为，尼安德特人只是一群头脑简单、四肢发达的史前野蛮人，他们就像动物一样，居住在洞穴中。这是因为尼安德特人拥有粗壮的外表，他们肌肉发达，带有深深的眼窝。并且，他们的骸骨大多数都是在洞穴中被发现的。

通过最近几十年的研究，人们逐渐认识到尼安德特人是第一批在冰期中幸存下来的人类。他们是如何做到的呢？尼安德特人会使用各种工具，也会使用火，会制作衣服。他们还懂得做计划，及时迁徙并适应新的环境。在某些地方，他们还用兽皮搭建居所，制作独木舟。他们也会照顾病人、埋葬死者。因此，尼安德特人是一种高度发达、善于社交的聪明人类，他们甚至会信奉某种宗教。

晚期智人与尼安德特人的较量

大约 3.9 万年前，尼安德特人从地球上消失了。我们可以在西班牙和克罗地亚找到他们最后的遗迹。当时究竟发生了什么呢？据推测，其中一种可能是尼安德特人由于没有足够多的后代，因此慢慢走向了灭绝。另一种可能是，尼安德特人被晚期智人排挤，并在相互较量中落败。

晚期智人也称"现代智人"。30 多万年前，这种人类在非洲发展起来。他们逐渐演变成现代人，也就是今天的人类。大约 4.3 万年前，晚期智人来到欧洲。尼安德特人和晚期智人共同生活了数千年，据推测，他们可能是和平共处的。

约30万年前至今

晚期智人

圆圆的头骨，较小的眼睛和牙齿，明显突出的下巴，身高约 1.8 米。和现代人没什么不一样！

猎杀猛犸象需要很大的勇气和丰富的经验。人们用它的毛皮制作衣服和搭建帐篷，把象牙当作帐篷的支架。

冰 期

地球史上曾发生多次大冰期，最近一次是第四纪大冰期，开始于 200 多万年前，并一直持续到今天。在大冰期，我们的气候非常多变，人类经历了强烈的气候波动。位于南极的大洲受到的影响极大：南极洲形成了巨大的冰盖。大冰期由多次间冰期和冰期的交替组成。在较为温暖的间冰期，冰层消退，河道变宽，海平面上升；植物茂盛生长，沙漠不断缩小。在每次气候变化后，都会出现新的动植物物种。

在气候变化中生活

气候和植物决定了动物和人类的生存条件。大约 80 万年前，直立人出现在欧洲时，气候还比较温暖，陆地被混交林覆盖着，那里生活着野猪、马鹿、野马、西伯利亚野牛、洞熊和早已灭绝的动物——剑齿虎等。

在尼安德特人的时代，气候不断变化。人类必须一次又一次地适应新的环境。最早的尼安德特人生活在茂密的落叶林中，那时的气候与今天相似，他们定居在河岸和森林边缘。后来，欧洲变得更加寒冷了，到处生长着针叶树，人们几乎找不到水果和蘑菇。随着气温逐渐下降，中欧的土地逐渐被草原和苔原覆盖，到处都生长着草和低矮的灌木。然而，这些转变都是缓慢发生的。所以，石器时代的人类一生中只需要适应一种气候。

冰川漂移

目前，科学家已经找到冰川漂移的证据。在气候变化过程中，冰川在不断地移动，并且

披毛犀❶身高可达 2 米，体长达 3 米，它生活在欧洲和亚洲北部。4000 年前，最后一头猛犸象❷在西伯利亚走向死亡。驼鹿❸和洞熊❹也比它们的后代要大得多，而且身上的毛发更多、更浓密。

经常有岩石也跟随冰川一起漂移。50 万年前，来自斯堪的纳维亚半岛的岩石随着冰川迁移了数百千米，来到德国北部。如今，冰川早已消退，但岩石却一直留在了那里！阿尔卑斯山脉的地貌也发生了多次变化：那里被冰川覆盖过多次，然后冰川又慢慢消退。

冰期的野生动物

当天气变冷时，草原贫瘠而荒凉，此时食物供应已经不能满足动物们的需求了，野生动物们不得不进行长途迁徙。随着时间的推移，野生动物渐渐适应了新的环境。冰期的大型哺乳动物越来越多：猛犸象、草原象、驼鹿和麝牛等。除此之外，还有洞狮、洞熊、鬣狗和披毛犀。它们是怎么适应如此寒冷的气候的呢？这些庞然大物皮毛厚实，身躯强壮有力，能够很好地储存热量。距今大约 1 万年前，气候再次变暖，森林再次取代了草原。而这些巨兽们由于未能很好地适应新的气候，最终慢慢地消失了。

知识加油站

▶ 恐龙并不是因为气温降低而灭绝的，距今大约 6500 万年前，恐龙时代就已经结束了。未来是属于哺乳动物的——当然也属于人类。但人类直到约 600 万年前才出现在地球上。

冰盖

冰川消退

在冰期，冰川❶覆盖着地面，就像铺上了一层厚厚的冰毯。当气温回暖时，冰川融化，形成河流❷，露出草原❸，这里生长着草，还有一些岩石。

部分冰川融化后的阿尔卑斯山脉——数千年后，岩石裸露出来。

易北河上的这块岩石就是冰川消退后留下来的。

可怕却又迷人——一棵树被闪电击中了！

快跑，这棵树着火了！大火会把所有东西都烧光。要是能学会控制火该有多好啊！

击石取火

1 取一块黄铁矿和一块燧石。

2 铺上干草，然后用黄铁矿击打燧石，直到火花冒出。

3 吹气使干草慢慢点燃，然后往点燃的干草中添加干树枝。

熊熊火焰

对于石器时代的人类来说，闪电是非常可怕的。因为他们观察到，当人被闪电击中后会死亡，所有被闪电击中的生物都会燃烧并失去生命。然而，我们的祖先也发现了，火也有另外的一面：在大火附近死亡的动物，它们的肉吃起来的味道明显比生肉更好，而且也更容易被消化。此外，火还能用来取暖。

火的控制与使用

在旧石器时代，人们可能要等到雷暴结束，才能去余烬中寻找熟了的动物残骸。直到某一天，一个直立人成功地把一团火带回了营地，也许那是一根闪烁着火光的树枝，也许是火山喷发后流出的岩浆。在营地里，人们把木屑和干树枝铺在火上，并用石头围起来。人类的第一个火炉就这样诞生了！人类渐渐摆脱了对火的恐惧，并认识到火的好处。他们在火上烤肉和植物的根茎，用火加热水和融化脂肪。因此，人类发明了烹饪！当天气寒冷时，人们用火取暖；当夜幕降临时，火散发出的光芒可以吓退危险的动物。所以，火成为宝贵的财产，人们必须一直看管火势，让它持续燃烧。

移动的火焰

然而，史前人类并不是一直原地不动的，他们要追逐猎物，所以必须不断地寻找拥有足够食物的新地方。慢慢地，人类发明了火篮，

火炉在每个原始人家庭中都扮演着重要的角色。人们在这里做饭、吃饭、工作，当然还有讲故事。温暖和光芒能给人带来安全感。

知识加油站

▶ 燧石也被称为火石，是一种硅质岩石。

▶ 世界上最古老的"打火机"是一个黄铁矿砾石块，周围有火花磨损的痕迹，来自德国斯图加特和慕尼黑之间孤独谷地区的弗格赫尔德洞穴。这个"打火机"已有 3.2 万年的历史。

▶ 我们今天很少能找到木蹄层孔菌。它的使用一直延续到 19 世纪。直到大约 200 年前，火柴才取而代之。

他们把火放入其中，然后随身携带。为了防止炭火点燃篮子，人们用火点燃新鲜树皮，并用小石头围起来，盖上盖子，以保护珍贵的火种不被雨水浇灭。当然，肯定需要有人看管火篮。然而，火种熄灭或篮子被烧毁的情况时有发生。幸运的是，人类最终学会了自己生火！

轻轻松松点火！

一些研究人员认为，早在 40 万年前，人类就已经学会自己生火。至少在 3.2 万年前，一个头脑聪明的人突然发现，某些石头相互撞击后会冒出火花：用燧石猛烈撞击黄铁矿时，会有火花飞溅出来，当这些红色的火花击中易燃材料时，就会发出火光；然后小心地吹气，并继续加入干木屑，火就燃烧起来了。我们的祖先认识到，木蹄层孔菌是生火的完美助手，它是一种生长在桦木和欧洲山毛榉上的真菌，能迅速被点燃，并长时间燃烧。

钻木取火！

石器时代的另一种生火方法就是钻木取火。人们观察到摩擦能生热。一根木棒以闪电般的速度在木板上转动，在此过程中，加入被粉碎的木屑。在快速和持续的转动下，木屑冒出火花。然后加入木蹄层孔菌或干草等助燃物，加速生火过程。直到今天，非洲、美洲与澳大利亚的一些原住民都还在以钻木的方式生火。

木蹄层孔菌

它不太起眼，但作用甚大。一直到 19 世纪，木蹄层孔菌一直是生火的重要帮手。

钻木取火

1 在木板上钻一个小凹槽，以防止木棍滑落，不断地快速转动木棍。将木棍弯成一个弓形，转动起来会更快。

2 小心地吹火花，并将干草加入其中。

3 只有训练有素且有耐心的人才会用这种方式生火。

狩猎者与采集者

人类打猎需要工具，所以最初，在工具没有被发明的时候，人类还不是优秀的猎人。即使是能人这种发明了第一批辅助工具的"手巧之人"，他们的主要食物仍然是水果、植物根茎以及能找到的一切，偶尔也能吃到碰巧捕到的鱼和鸟。而他们最感兴趣的是狮子和豹子吃剩的食物，这些可能是他们最主要的肉食来源。

丰富多彩的菜单

直立人，又称为直立猿人，可能是最早创造出各种狩猎工具的人类。他们使用石块和骨头雕刻出尖利的长矛，甚至是掷矛，用来猎杀野马、鹿和犀牛。另外，直立人还使用木铲挖出地里的植物根茎。直立人克服了对火的恐惧，

他们用火烘烤猎物，这是一件多么伟大的事情啊！移居欧洲的直立人会采集坚果和蘑菇。此外，他们还吃水果和各种绿叶蔬菜，以及鱼、贝壳和鸟类。野蜂的蜂蜜也是一道备受欢迎的美食。众所周知，尼安德特人喜欢吃肉，但他们也会吃其他食物，他们的菜单上可能还有鸟蛋、蜗牛和昆虫等。

训练有素的狩猎专家

为了杀死猎物，狩猎者必须仔细观察并思考：猎物在哪里吃喝？在哪里睡觉？它能跑多快和多久？如果受到威胁，它们是否具有攻击性？所以，狩猎是非常危险的，尽管狩猎者们经验丰富，但他们仍免不了受伤，这点可以从他们骨骼化石上的伤痕看出来。

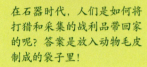

在石器时代，人们是如何将打猎和采集的战利品带回家的呢？答案是放入动物毛皮制成的袋子里！

这是20世纪人们想象中的石器时代人类狩猎的场景，非常原始！当时的人类只能依靠大量的技巧和人海战术来猎杀一头如此庞大的熊。

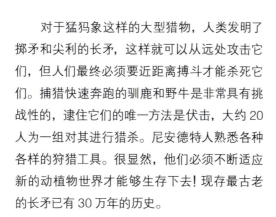

长矛投掷器（投掷长矛用的木棒）

这是人类最早的远程武器，也是弓箭的前身。一根带有倒钩的棍子相当于延长了人类的手臂，它可以让长矛飞得更远。

石器时代人类的食谱

食谱上列的都是大自然的赠予，甚至还有一些甜甜的东西！

蜂蜜

野生谷物

蘑菇、坚果、蛋、幼虫

鱼类、甲壳类、禽类、哺乳动物

水果、蔬菜、豆类、种子、嫩芽、根茎

对于猛犸象这样的大型猎物，人类发明了掷矛和尖利的长矛，这样就可以从远处攻击它们，但人们最终必须要近距离搏斗才能杀死它们。捕猎快速奔跑的驯鹿和野牛是非常具有挑战性的，逮住它们的唯一方法是伏击，大约20人为一组对其进行猎杀。尼安德特人熟悉各种各样的狩猎工具。很显然，他们必须不断适应新的动植物世界才能够生存下去！现存最古老的长矛已有30万年的历史。

最早的远程武器

对于像驯鹿这种奔跑迅速的群居动物，旧石器时代的人类发明了最早的远程武器：长矛投掷器。这是一种长约70厘米的木棍或骨头，后面带有倒钩。当人们借助它投掷长矛时，能比直接用手投掷飞得更远、更快。后来，人们发明了弓箭。已知最古老的弓箭大约有1万年的历史。

全是石头做的？

狩猎装备和其他工具并不全是由石头制成，尤其是手柄，通常用木头制成。另外还有一些工具是由骨头和鹿角加工而成的。人们使用桦树树脂将石制的刀片或者矛头牢牢地固定在手柄上。桦树树脂是一种用桦树皮制成的黏合剂，人们将它涂抹在连接处后再用植物的韧皮部将石头和手柄包裹起来。然而，这些材料并没有很好地保存下来。

物尽其用

石器时代的人类会当场把大型的猎物剖开，把肉块搬回营地。人们从长长的骨头中将营养丰富、令人垂涎的骨髓刮下来，而对于动物身上不可食用的部分，人们也对其进一步加工：他们用兽皮制作衣服、帐篷、袋子和一些类似煮锅的东西。骨头、兽角则用于制造工具或作为住所的支撑物。此外，他们还利用动物的筋将材料缝合起来。

用石块或骨头制作箭头，然后用桦树树脂和植物的韧皮部将箭头固定在箭柄上。

羽毛能确保箭头笔直向前飞。

红豆杉木的弹性非常好，因此，人们经常用它来制作弓。

洞穴为家

尼安德特人过着群体生活，15 到 20 人为一个群体。 他们从很远的地方收集制造工具和装备的石头，有时甚至从 80 千米外带回家！当耗尽了居住地附近的一切食物后，他们会一起向远方前进，活动范围大约在方圆 100 千米内。在洞穴里，他们一般只使用洞穴入口的区域，这里的优点是显而易见的：他们可以免受雨雪和大风的侵袭，而且还能生火；洞穴内部凉爽潮湿，可作为储藏室。此外，居住的地方同时也是工作场所，人们在这里屠宰动物、加工石块和制造工具等。

剑齿虎

非常巨大，而且非常危险！它也想舒服地生活在山洞里。

防护墙

洞穴的入口处堆积着由石头、木头及以动物毛皮制成的门廊，把风雪、冷空气和不速之客拒之门外。

葬礼

尼安德特人是最早举行葬礼埋葬死者的人类。墓地通常离住所比较远。

召唤仪式

人们相信大自然有神灵，想召唤它们。召唤仪式通常发生在洞穴深处，那里又黑又冷，不适合居住。

守门人

有专人负责密切关注周边的情况，这真是太好了！洞穴外面很危险，没有人会独自出去狩猎。

你知道吗？

尼安德特人并不是一直生活在洞穴中，他们也使用猛犸象牙和木头建造居所，这种居所最多可容纳20人居住。天气暖和的时候，他们更喜欢住在这种由木头、石块和毛皮建成的居所里，而不是洞穴中。离开时，他们通常把工具留在住所中，因为那些工具携带不便，当他们需要时可以重新制造。今天的考古学家对这些有趣的遗迹十分感兴趣。

分工合作

大家分工合作，狩猎、采集、切割、烹饪、生火或制造工具，每个人都发挥着自己的作用！

火 炉

火是一种珍贵的财富，需要得到很好的保护。火炉四周被石头包围着，以防火势蔓延到其他地方。

时刻准备着！

孩子们从小就要学会生存所需的一切技能。他们会尽快在家族里帮上忙，这里的每一个人都各司其职。

轮子——石器时代的一种发明

湖边的新石器时代房屋大多为干栏式建筑，这样可以避免洪水的侵袭。但与此同时，水也给人们带来了许多好处。

最早的农民和渔民

猪是最古老的家畜之一。

大约 1 万年前，欧洲的气候明显变暖，大地出现了一片新的景观，动植物种类繁多。许多人在湖边建造居住地。因为在那里，他们可以捕捉一些小动物，如河狸、野鸭等，同时也可以去附近的森林中猎捕鹿和野猪。当然，捕鱼也发挥着重要的作用。在德国柏林附近的弗里萨克，研究人员在一个湖边挖掘出了一座大约有 9000 年历史的住宅。几个世纪以来，人们多次造访这个住宅。在湖中，人们不仅发现了用鹿角和兽骨制成的鱼钩和鱼叉，还发现了由柳树韧皮部制成的绳索和网。这真是太不可思议了！因为这种容易腐烂的物品很少能留存至今。而独木舟和桨的遗迹证明了，中石器时代的人们也曾经在船上捕鱼。

崭新的一页——农业！

接下来，在大约 7500 年前，中欧的一切都发生了变化：人们建立了固定的居所，不再四处迁徙。他们自己驯养动物作为食物储备，例如山羊、绵羊、牛、猪等。他们还学会了在土地上耕作。他们第一次种植粮食谷物，不再纯粹依赖在自然界中发现的食物。这一切被称为新石器革命。同时，这也意味着整个人类社会发生了非常巨大的变化：狩猎者与采集者变成了农民。新石器时代开始了！

陶　器

由于新石器时代的人们建立了固定的居所，所以他们学会了储备物资。为此，他们也发明了全新的东西：用黏土烧制而成的陶器。这项实用的发明来自东方。将食物储存在陶器中，这样老鼠和昆虫就不能再偷吃了，而且储存的食物也没那么快变质。另外，人们烹饪的方式也完全不同了。许多食物那时才变成真正的美食！由于欧洲最早的餐具是用线状和带状图案装饰的，所以被人们称为"线纹陶"。

线纹陶器对新石器时代的人们极为重要，研究人员甚至以此命名了一种类型的人和他们的文化：线纹陶文化。它持续的时间从距今7500年到7000年前。

为了把干燥而轻薄的外壳从谷物中脱离出来，人们猛烈地摇晃谷物。

人们用大而扁平的石头碾磨谷粒。

单粒小麦、二粒小麦或大麦可用于制作谷物粥或玉米饼，人们的食谱变得更加丰富。

先行者——神秘的中东

农业不是欧洲人的发明，它们有可能起源于中东。大约1.1万年前，生活在中东的人们开始种植谷物和豆类。不久之后，他们驯服了野生动物，并饲养出第一批绵羊和山羊。

和平说服还是一举占领？

但这些新鲜玩意儿是如何来到欧洲的呢？是因为来自中东的农民集体迁移到欧洲，从而赶走了以前的狩猎者和采集者？还是因为少数来自中东的农民成功说服了当地人，进而传播了更加先进的生活方式？研究人员为此已经争论了很长时间。今天，人们更愿意相信这是一个和平的过程：来自中东的农民为欧洲的发展提供了帮助。

目前已知最早的陶器可能是2万年前由古代中国人制造的。距今大约9000年前，中东地区也出现了陶器。

新石器时代的器皿是土色的，而且形状简单。但从一开始，器皿上就有装饰图案。

知识加油站

▶ 自新石器革命以来，我们就有了豌豆、胡萝卜和防风草。

▶ 农业不仅仅是中东人的发明。在中国、西印度群岛、中非、墨西哥和安第斯山脉也出现了类似的发展。

▶ 全球新石器革命的成就包括水稻、土豆、玉米和棉花的种植。

石器时代的时尚专访

距今大约5000年前，奥茨冰人穿着长短不一的绵羊皮护腿，并把它们系在皮带上。他的外套也是用动物毛皮制成的。

为什么石器时代的人需要穿衣服？他们身上不是都长满了毛发吗？

不是的，他们和我们是一样的。实际上，人类在进化（即人类发展历史）的早期就已经不是浑身毛发了。人类走出非洲，来到寒冷的欧洲，如果不穿衣服，他们就会被冻僵。

姓　名：鲁道夫·沃尔特
职　业：石器时代考古学家
年　龄：49岁

原来如此！那么最早的衣服是用什么材料做的呢？

很可能是动物毛皮制成的皮革。然而可惜的是，最早的衣服没能留存至今。在岩壁绘画和雕刻的人物中，我们很少看见衣服和用于制作衣服的工具。

那他们是如何剪裁和缝制衣服的呢？

用石器、尖利的骨头和骨针。线可能是由动物的肠道或筋制成的。

那男士和女士的服装有区别吗？

由于保存完好的遗迹很少，我们对男女服饰的差异几乎一无所知。

那么人们会穿什么内衣呢？

可惜什么也没有留存下来。但是，现代的因纽特人生活在北极地区，那里的气温与冰期相似。从前他们穿着海豹皮和鸟绒做的内衣。

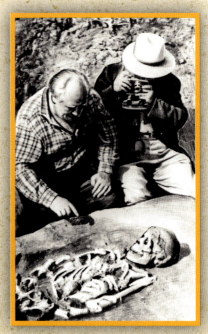

这是在俄罗斯桑吉尔遗迹发现的男子遗骸，约有2.8万年历史，他穿着裤子、上衣，戴着皮制的帽子，全身足足有2936颗用于装饰的猛犸象牙珠，这让研究人员十分惊讶！

有趣的事实

带扣眼的纽扣是中世纪的一项发明，但是扣子在石器时代就已经存在了！在德国乌尔姆附近的埃伦施泰因，人们发现了大约200个石灰岩制成的小圆盘，圆盘中间有两个小孔。据推测，它们可能被用作衣服的装饰，而不是用来扣合的。

他们会穿鞋子吗？

是的！在已发现的遗迹中，我们可以知道，当时的人类也是穿鞋的。现存最古老的鞋子要追溯到大约5000年前的新石器时代，那时的人们已经学会了耕种。例如，奥茨冰人穿着用草和熊皮编织成的鞋子。

羊毛和天然纤维制成的衣服是什么时候开始出现的？

在捷克，人们在旧石器时代的地层中发现了精美织物的印记。也许这些衣服是用荨麻纤维编织而成的。尽管人类在新石器时代就开始饲养绵羊，但羊毛织物可能直到青铜时代才出现。

那他们多久洗一次衣服呢？衣服能穿多长时间呢？

他们可能很少洗衣服，或者从来不洗，但鞋子必须经常修理或更换。当时的鞋子可没有今天的鞋子那么耐穿。

由草叶编织而成的鞋子很容易腐烂，因此很少能够留存下来。

别致的珠宝

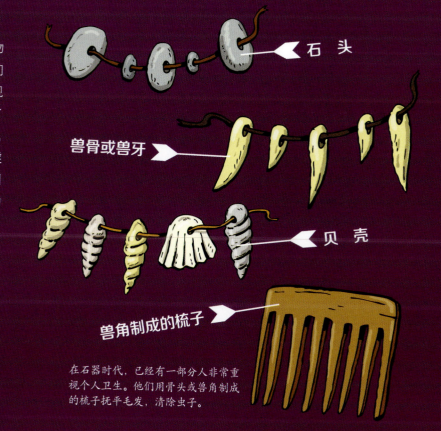

尼安德特人已经会用石头、骨头、动物牙齿或贝壳制成的物品来装饰自己了。他们将一些野兽，例如洞熊和老虎等的牙齿，视为值得骄傲的战利品。尼安德特人还凿穿了狼的牙齿和各种动物的骨片，并串在一起，以便随身携带。为此，他们制造了尖锐的燧石钻孔器。这类最古老的珠宝有3.5万到11.5万年的历史。除了狭长皮革条带或动物的筋制成的绳子上的单个吊坠外，也出现了珍珠项链的前身：人们在相似的物体上钻孔，并将它们串在一起，例如贝壳、动物牙齿或鹿角。在波罗的海，人们甚至将打孔后的琥珀制作项链。线纹陶时代的艺术家也早已熟悉手镯、头饰和华丽的皮带扣的制作。

石 头

兽骨或兽牙

贝 壳

兽角制成的梳子

在石器时代，已经有一部分人非常重视个人卫生。他们用骨头或兽角制成的梳子抚平毛发，清除虫子。

史前狮子人雕像与维伦多夫的维纳斯

狮子人雕像：于1939年在德国施瓦本汝拉山的施塔德尔洞穴中被发现，并于2013年在乌尔姆博物馆被重新组装。

高31厘米

超过 **3.5**万年 历史

石器时代的人们也喜欢美丽的事物。他们会收集漂亮的石头、贝壳或一些特别的蜗牛。在非洲，人们发现了一些非常古老的珠宝以及绘有几何图案的蛋壳，手斧也是由色彩缤纷或带图案的石头精心制作而成的。这些都是艺术品的前身。距今大约4万年前，第一批真正的艺术品出现了，它们的创造者是晚期智人。

艺术中心——施瓦本汝拉山

人类艺术的发源地位于德国南部的施瓦本汝拉山的洞穴中。距今4万至3万年前，心灵手巧的工匠们在那里制作了小型雕塑。他们在猛犸象牙或动物骨头上雕刻出猛犸象、野牛和野马等重要狩猎动物的形象，另外还雕刻了一些野兽，例如洞熊、洞狮和披毛犀等。除此之外，人们还发现了鸟类、刺猬和鱼的雕塑，其中一些雕像上有孔眼，方便人们将它们穿在绳子上作为吊坠。

半狮半人

已发现的石器时代最大的雕塑是狮子人雕像。雕像头部为狮头，但它的腹部、腿和直立的姿势又呈现出人的特征。这个奇特的雕塑证明了，它的创作者对人类和动物观察得非常仔细，同时，更重要的是，他能将其所想象之物转化成实物。因此可以看出，雕刻师的天赋和想象力并存。当然，狮子人雕像不是为了观赏而被创作的，它很可能是一件用于避邪的物品。

知识加油站

▶ 狮子人雕像没有被完整地保存下来：从1939年到2012年，人们陆陆续续发现了它的各个部位。直到2013年，在现代计算机技术的帮助下，人们才把这600多个零散部位组装成完整的雕像。

超过 **3**万年 历史

猛犸象雕像：长5厘米，由猛犸象牙雕刻而成。它是在孤独谷地区的弗格赫尔德洞穴中被发现的。

维伦多夫的维纳斯是由石灰石雕刻而成的，它被保存于奥地利维也纳自然史博物馆中。

高11厘米

超过 2.9万年 的历史

肥胖的女性四处皆见

早在狮子人雕像之前，石器时代的人类形象就已经为人所熟知。长期以来，人们把"维伦多夫的维纳斯"视为人类已知的最古老的雕塑。它于1908年在奥地利被发现。后来，"霍赫勒·菲尔斯的维纳斯"取代了这个卷发的圆形雕塑，成为最古老的雕塑。在石器时代的艺术品中，维伦多夫的维纳斯绝对不是唯一一个刻画肥胖女性的作品：从西班牙北部到俄罗斯，到处都有一些小雕塑，展示拥有丰满的乳房、腹部和臀部的女性。为什么她们会这么胖呢？因为在石器时代，人们认为肥胖的女性拥有强大的生育能力，能繁衍后代。现在，人们已经发现了200多个这样的维纳斯雕像。它们用象牙或软岩雕刻而成，但也有一些是由黏土烧制而成的。

音乐的发明

生活在施瓦本汝拉山的人们也制造出了骨笛。这种乐器是由秃鹰的骨头打造的。很显然，一位细心的雕刻师注意到，如果斜着向洞口吹气时，这些精致的骨头会发出声音。也许是他在雕刻骨头时候，不小心在外壁上刮了一个孔，然后突然意识到，这根管子发出的声音听起来不一样了。但当他用手指盖住这个孔时，发出的声音就跟之前一样。如果在骨头上添加更多的小孔，就会产生更多不同的音调。所以为什么不把音调串起来，演奏一首曲子呢？

秃鹰骨长笛

超过 3.5万年 历史

超过 5000年 历史

这位漂亮的肥胖女性雕塑来自马耳他，她穿着一件优雅的裙子，正躺在卧榻上睡觉。

在骨笛出现后，人们又发明了其他乐器，比如鼓、铃、埙等。

迷人的洞穴壁画

山洞里面一片漆黑。画家们创作需要光亮，因此可能有人举着火把。他们在火焰闪烁的光芒中创作。

1879年，9岁的玛利亚在西班牙发现了阿尔塔米拉洞穴壁画。从那以后，人们又发现了大约300个拥有石器时代壁画的洞穴，其中大多数位于法国和西班牙北部。这些壁画有1.5万到4万年的历史，一般位于洞穴内部，而不在洞穴口区域。

暖色调的人和动物

洞穴画家最爱的主题是猎物，如野牛、野马、猛犸象、驯鹿、洞狮等，而鸟类和鱼类则较为罕见。除了猎物外，壁画上有时还有人类。创作者们自己制作颜料，他们主要使用红色、棕色和黄色的赭石，即矿物。赤铁矿能产生红色，黑色则是由木炭、骨炭或锰氧化物画出，石膏能提供白色。壁画中没有绿色和蓝色。煤或赭石块可以像笔一样涂画，而其他材料则必须压碎并碾磨成粉末，画家们把这种粉末与唾液、水、动物脂肪或树脂混合搅拌，然后用手指蘸取直接涂抹到墙上。一些画家则使用由树枝或动物鬃毛制成的刷子来上色。

线条、色块和点

石器时代的画家为了使自己的作品看起来栩栩如生，尝试了各种方法：他们熟练地运用线条、色块和点。有些壁画用黑色线条勾勒动物或人物的轮廓外形，例如拉斯科洞穴壁画。

锰氧化物

锰是一种金属，在自然界中以晶体的形式存在。

锰氧化物粉末

赭石采石场

在德国，人们主要在戈斯拉尔和苏尔茨巴赫—罗森贝格附近开采赭石。

为什么要创作洞穴壁画？

没有人确切地知道，史前人类用绘画来装饰洞穴的墙壁的原因。但有一点很明确，他们不只是单纯想画动物，他们所关心的并不仅仅是展示动物的样子和人们如何猎捕它们。洞穴壁画有更深层的含义：洞穴内部是一个神奇且特殊的地方，人们只有在特定的情况下才会进去。画家们或许是想要让洞穴充满生机，或许是想让仪式更加隆重，又或许是想召唤他们信奉的神灵。

有些壁画是由单一色块构成的，如阿尔塔米拉的野牛拥有红色的身体，在较暗的阴影和空白区域的衬托下，显得更加显眼。画家还利用洞壁的自然轮廓使画作产生立体效果，有的野牛头部或腿部是通过裂痕展现出来的，而壁顶凸起的地方则用来塑造动物的躯体。在法国南部的佩什梅尔洞穴中，我们还可以看到带斑点的马和手印的壁画。据说，那时候确实存在着这样的马！画家们使用模具来描绘马的轮廓和斑点，再把手掌或胳膊按在洞壁上，然后喷上颜料。怎么喷呢？他们把颜料含在嘴里，然后将其喷吐出来。一些画家还会使用由芦苇或骨头制成的小管子进行喷涂，这种方式能均匀地填涂凹凸不平的岩壁，看起来效果非常好！

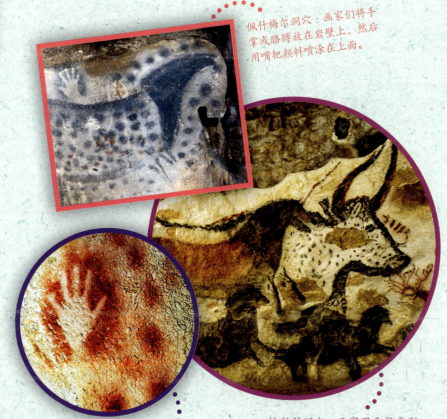

佩什梅尔洞穴：画家们将手掌或胳膊放在岩壁上，然后用嘴把颜料喷涂在上面。

许多石器时代的洞穴中都有这样的手印。

拉斯科洞穴：画家用手指或刷子勾勒出清晰的轮廓，然后用圆点或色块来填充。

真是令人叹为观止！在肖维岩洞的岩壁上，狮子在追逐猎物，犀牛四处奔跑。它们都在飞快地移动中。

石器时代的电影院

野马、犀牛和野牛：用木炭绘制出的动物栩栩如生。

　　为了能够观看洞穴壁画，你需要经过岩石通道进入洞穴内部，这条路很长，而且黑乎乎的。洞穴内部寒冷又潮湿。在崎岖不平的地面上，你用手摸索着，慢慢地穿过这个地下空间。火把或火苗闪烁的油灯可以用作光源。在它们的光芒下，跳跃的影子投射在凹凸不平的岩壁上，仿佛活过来了！在那里，摇曳的光照射到洞壁上一只只彩绘的动物身上。它们只是用简单的黑色线条绘制的，但给人的感觉好像都是活的。洞壁上忽明忽暗的光线已经让壁画变

肖维岩洞的入口曾被掩埋了数万年。

有趣的事实

相似的画：德国画家弗朗茨·马克从未见过肖维岩洞的壁画。然而，在 1913 年，他创作了油画《蓝马之塔》。很相似，不是吗？

得栩栩如生、热闹非凡了，再加上欣赏绘画时，观看者也在不停地走动，壁画更加生动，一切就像是在看电影一样。

奔跑的动物

我们可以感受到，为了尽可能多地展示出真实的动物，石器时代的洞穴画家们付出了巨大的努力。他们一定仔细观察过动物的习性、姿态和运动场景，所以能创造出精美逼真的画作。在某些情况下，画家们甚至还想重现整个场景，把自己经历的真实生活片段生动地再现出来，例如快速飞奔的驯鹿群或野马群。

为了给人一种速度飞快的感觉，画家们使用了一个小技巧：他们画的动物不是四条腿，而是八条腿，甚至更多。动物的腿有的弯曲，有的直立，它们互相交叉重叠，令人眼花缭乱。动物们似乎在闪烁的火把光芒中奔跑。

戏剧性的狮子狩猎

法国的肖维岩洞壁画上描绘了各种各样的狮子，没有任何其他地方能与之相媲美。在其他洞穴中，人们看到的壁画主要是猎物形象。而肖维岩洞有一幅超过 10 米宽的画作，上面描绘了一群快速飞奔的狮子正在追逐野牛群和犀牛群。人们从这幅画就能感受到它们奔跑的速度之快！画家们是怎么做到的呢？直到今天，艺术家仍在绘画中展现出这种描绘运动场景的技巧：头部一个接一个紧密地挨在一起，身体互相重叠。个别动物显示出它处于运动的不同阶段。我们能观察到它们的腿在大步跳跃，头部向上扬起，尾巴甩动。当石器时代的人们站在这些巨大的画作前时，在火把晃动的光线下，他们一定会觉得自己置身于 3D 电影院。

人类的第二座城市

这里所有的房子都挨在一起，中间没有道路，这就是加泰土丘。这座位于土耳其的城市大约有9400年的历史，是世界上最古老的城市之一。这里的房子是用泥砖砌成的，这些泥砖并没有经过烧制，而是自然风干的。平平的屋顶是由木柱支撑的。房屋内部刷上了白色和红色的灰泥，这种灰泥每年都要重新刷一次。让人惊讶的是房子的入口位置：它位于屋顶上，人们需要通过木梯爬上屋顶，进入房子。烹饪也是在屋顶进行的，因为在那里发现了火炉的痕迹。屋顶上很可能也有小路，因为房屋之间没有空隙。奇怪的是，加泰土丘没有工匠的作坊、市场，也没有政府或行政大楼。因此，一些科学家拒绝使用"城市"这个词语来形容这个地方。对他们来说，加泰土丘只是一个大型的村庄。

世界上第一张城市地图

在加泰土丘的一座房子里，有一幅城市布局的壁画。这是世界上最古老的城市地图！地图中，在众多黑白相间的房子后面，我们可以看到一座红色的山，那是哈桑山。人们在那里发现了黑曜石，那是一种火山熔岩形成的天然玻璃，可用于制作锋利的刀片、镜子和珠宝。

火山

曾经大约有8000人居住在加泰土丘。如今，那里建成了一个博物馆。

房屋入口

在屋顶：加泰土丘的人们把房门修建在屋顶。

木梯

人们通过木梯爬上屋顶进入房子。

泥砖

木柱

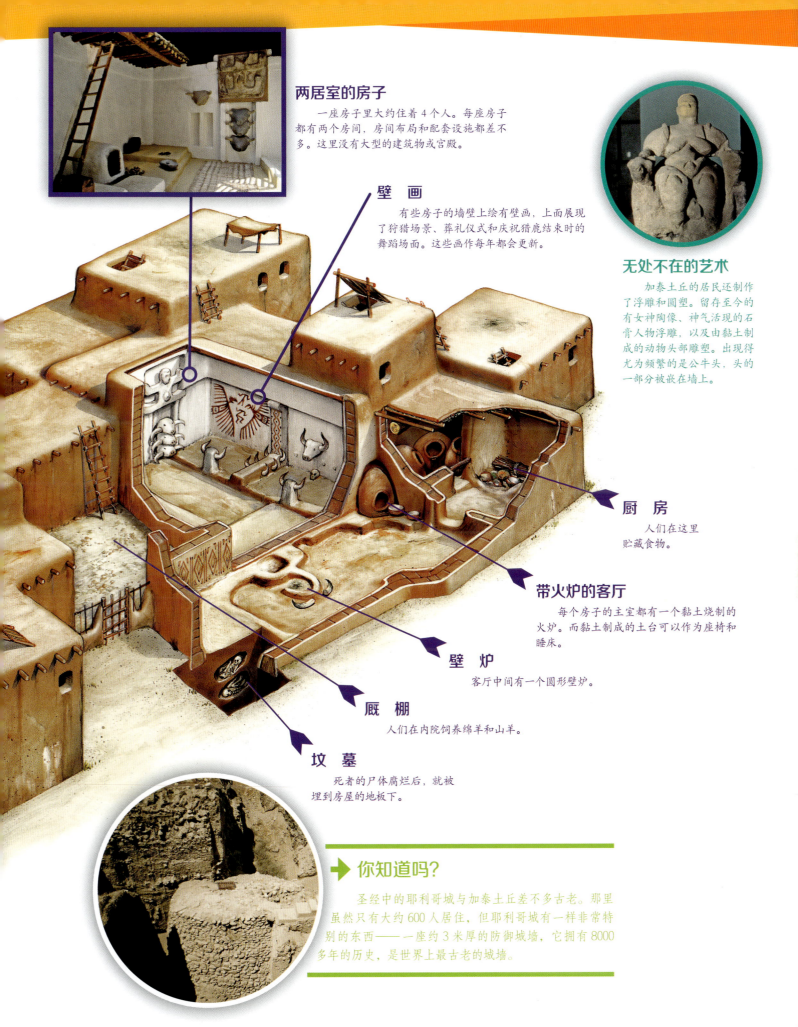

两居室的房子

一座房子里大约住着 4 个人。每座房子都有两个房间，房间布局和配套设施都差不多。这里没有大型的建筑物或宫殿。

壁 画

有些房子的墙壁上绘有壁画，上面展现了狩猎场景、葬礼仪式和庆祝猎鹿结束时的舞蹈场面。这些画作每年都会更新。

无处不在的艺术

加泰土丘的居民还制作了浮雕和圆塑。留存至今的有女神陶像、神气活现的石膏人物浮雕，以及由黏土制成的动物头部雕塑。出现得尤为频繁的是公牛头，头的一部分被嵌在墙上。

厨 房

人们在这里贮藏食物。

带火炉的客厅

每个房子的主室都有一个黏土烧制的火炉。而黏土制成的土台可以作为座椅和睡床。

壁 炉

客厅中间有一个圆形壁炉。

厩 棚

人们在内院饲养绵羊和山羊。

坟 墓

死者的尸体腐烂后，就被埋到房屋的地板下。

➡ 你知道吗？

圣经中的耶利哥城与加泰土丘差不多古老。那里虽然只有大约 600 人居住，但耶利哥城有一样非常特别的东西——一座约 3 米厚的防御城墙，它拥有 8000 多年的历史，是世界上最古老的城墙。

石器时代的发明

手斧和其他石器的发明标志着我们人类文化的开端。如果没有它们，就不可能有后来的技术发展，例如农业耕种或借助轮子移动的工具。200万年来，人类主要使用石头来制造工具、武器和艺术品。直到后来，人们才学会加工金属。石器时代的物品并不完全是由石头制成的，我们今天使用的许多东西其实都是石器时代人类的发明！

轮子与道路

早在5500多年前，人们就已经开始使用带轮子的简易推车。我们是怎么知道的呢？因为车轮在地面上留下了痕迹！此外陶器上也有车的图案。在中东的乌鲁克城，挖掘出的石头上雕刻着战车和滑橇。在德国施瓦本地区的费德湖发现的轮子是最古老的轮子之一，它由两个半圆的木头组成，并用木条固定起来。大约5000年前，在苏格兰的奥克尼群岛上也有经过铺设的街道。

刀、勺、浸入式加热器

带有石质刀片和木质手柄的刀具是最古老的工具之一，它们从旧石器时代起就已经存在了。但鲜为人知的是，大约1万年前，人们开始使用勺子。那时的勺子主要由木头、骨头或鹿角制成。那时候甚至还有浸入式加热器！它在没有电的情况下也能使用：只需在火中把石头烧热，然后将它们放入盛有水的坑或容器中，水就变热了！

水 井

最早拥有干净饮用水的井已有7000多年的历史。其中一些是在最近几年才被发现的，例如莱比锡的普劳西格和萨克森州的艾斯拉。位于北莱茵—威斯特法伦州的埃尔克伦茨有一个保存得特别完好的橡木竖井，它有14米深。

回旋镖

回旋镖是最早定居在澳大利亚的那群人发明的吗？其实不是的！在波兰的奥布拉佐瓦洞穴中，研究人员发现了一个由猛犸象牙制作的回旋镖，它大约有 2 万年的历史。在丹麦和瑞士，人们发现了另一种相似的木质武器，它们通常被用来猎杀小动物，但不会返回到投掷者的手中。

化妆和染发

女性使用天然颜料来装饰自己的脸部和身体。在新石器时代，她们还用一种含有氧化铁的石头——赤铁矿将头发染成红色，这种石头也经常作为陪葬品和死者一起被放入坟墓里。

长途贸易

广受欢迎的石头经过长途运输后抵达其他地方。因此，在距离自然界产地较远的地方，人们也能找到某些燧石。角闪岩和黑曜岩也是如此，这两种石头都备受工具制造者的青睐。例如，在 7000 年前，产自德国巴伐利亚州阿恩霍芬的燧石被大量开采，并被运输至威斯特法伦地区以及捷克进行贸易。所以，当时肯定存在着有组织的长途贸易活动。

黏合剂与"口香糖"

黏合剂是从桦树树脂中获得的。在大约 300 ℃ 的高温烘烤下，桦树会渗出黑色的胶状物质，这就是桦树树脂，人们用它将刀片固定在手柄上。冷却后的树脂则可以咀嚼。在博登湖畔的霍恩斯塔德和柏林附近的弗里萨克，人们挖掘出了一块拥有 6000 年历史的桦树树脂，上面还有清晰的牙齿咀嚼痕迹。

从手斧到铜斧

石器时代是从什么时候开始的？距今大约250万年前，人类第一次使用石器工具。在不同的国家和地区，石器时代的划分也有所不同。因此，你可能会发现，本书里的年代与其他书籍或博物馆中的年代略有不同。

最早的欧洲人

出土于西班牙的阿塔普埃尔卡遗迹（如图）和意大利的切普拉诺遗迹。考古学家在欧洲也发现了海德堡人的遗迹，他们大约有80万年的历史。在英国和格鲁吉亚也有史前人类的遗迹。

最早的人类

距今约400万年前，生活在非洲南部和东部的早期人类——"南方古猿"。

大量新事物

人类学会了自己生火，欧洲也有了手斧。世界上最古老的狩猎武器是舍宁根长矛，它长达2.5米，已有30万年的历史。

智 人

距今约30万年前，"有智慧的人类"出现在非洲。在大约4.3万年前，他们来到了欧洲。

约6500万年前

约200万年前

约80万年前

约40万年前

旧石器时代
250万至1万年前

恐龙，再见！

早在第一批人类出现之前，恐龙就已经灭绝了。

直立人

直立人生活在距今约180万年前的非洲。他们发明了手斧，建造了简陋的小屋，他们可能是最早使用雷击产生的火的人类。

尼安德特人

尼安德特人生活在距今20万到3.9万年前的欧洲。他们是第一批在漫长的冰期中幸存下来并知道埋葬死者的人类。

冰期的生活

冰期开始了，并一直持续到今天，期间出现了一些相对温暖的时期，比如今天所处的全新世。

早期住宅区

在德国图林根州的比尔钦格斯莱本，人们可以参观直立人的早期住宅区，那里有火炉、休息区和工作区。

城市的起源

加泰土丘位于土耳其，是已知最古老的，已接近于城市的人类住宅区之一。然而，那里既没有街道，也没有城墙。人们也建立了耶利哥城，那里有世界上最古老的城墙。其他早期城市还有叙利亚的古城特尔布拉克以及苏美尔人的古城乌鲁克。

最早的艺术品

最古老的人像雕塑是只有 6 厘米高的由猛犸象牙制成的"维纳斯"雕像。

巨石阵和其他巨石建筑

史前人类花了 1000 多年的时间，用巨大的石块在英国南部围成了一个巨大的圆圈，被称为巨石阵。在苏格兰奥克尼群岛和马耳他，人们也建造了巨大的石阵。目前已知世界上最古老的石庙位于土耳其的哥贝克力山丘，已有 11500 多年的历史。

线纹陶艺术家

第一批定居的农民会耕种、畜牧和制作陶器。此外，他们还懂得钻井和实施开颅手术。

约 8000 年前

约 5500 年前

约 1.6 万年前

中石器时代
1 万至 7500 年前

约 9400 年前

新石器时代
7500 至 4300 年前

约 5250 年前

约 4 万年前

约 7500 年前

约 5000 年前

青铜时代 ‥
约 4200 年前

灯光出现了！

为了能够在洞穴里创作，画家们用石灰石制成了灯，这种灯的燃料是动物脂肪，灯芯则是由地衣或苔藓制成。

金属和亚麻

欧洲开始了铜和金的加工。人们从亚麻中提取亚麻纤维，而织布机则可能是中东人发明的。

从轮子到犁

在中东，人们发明了轮子和文字。欧洲也有了带轮子的车和最早的街道。犁能帮助耕地。

红铜时代

奥茨冰人来自霍斯拉伯乔奇，死于意大利和奥地利交界的阿尔卑斯山。他的铜斧、石匕首、桦树皮制成的器皿、弓箭等工具和口粮都被冰雪覆盖着，所以被完好地保存了下来。

医生和巫师

石器时代人类的寿命远没有今天的人类那么长。例如,只有少数尼安德特人能活到 50 岁,大多数在 40 岁前就离开人世了。从骸骨我们能了解到,他们当时身患各种疾病:膝盖和背部疼痛、骨骼畸形和牙齿问题,当然还有骨折。值得注意的是,他们多年来都带着这些伤病生活。这也意味着,健康的人需要照顾和帮助这些病人。

石器时代的药师

每种文化都有医疗师或博物学家,他们特别熟悉植物、天空中的星星、风与天气。每个群体都有一些有智慧的人,其他人会向他们寻求帮助。在石器时代也不例外。对于植物和自然界中存在的一切,人们都会研究它们的用途。人类渐渐认识到有些草木、叶子和浆果具有治疗作用,他们尤为青睐桦树叶、药蜀葵、欧蓍、接骨木、长叶车前和罂粟。石器时代的人类骸骨证明,有的患者在受外伤,甚至在失去四肢后并没有因失血过多而死亡,他们活了下来。很显然,当时的人们知道止血的方法。他们肯定也知道一些麻醉的方法,因为有证据显示,那时的人类已经懂得各种手术。刚刚打造出来的燧石刀片比钢刀还锋利,而且几乎完全无菌,这对手术的成功至关重要。

来自法国三兄弟洞穴中的带着鹿角的人类壁画,这是化妆后的萨满巫师吗?

巴特迪伦贝格的巫师被埋葬时,头戴鹿角和野生动物牙齿做成的珠宝。

接骨木

接骨木的花、浆果和嫩叶的味道甘苦，茎、枝还可增强免疫系统。但是，它的浆果生吃有毒，必须放入水中煮沸后才能食用。

长叶车前

长叶车前的叶子有助于消炎和止血，可以入食。同时也可以用来泡茶，是一种非常有效的止咳药。

罂 粟

罂粟果的乳白色汁液具有麻醉效果，可用于缓解疼痛，但常用会成瘾。

头上的洞

一个用石器打开过的头骨：这个女孩经历了开颅手术，并成功地存活下来。

与大自然神灵息息相关

在石器时代，治愈病人和信仰神灵是密切相关的。人和动物混合造型的艺术品表明，石器时代的人们感觉自己与动物和自然力量紧密相连：施瓦本汝拉山的狮子人雕像一半是人，一半是狮子；拉斯科洞穴中的一幅壁画描绘了一个长着鸟头的人；而法国三兄弟洞穴中则有人和鹿的混合造型的壁画；在莱茵河下游地区，人们也发现了中石器时代的鹿角面具。所有这些东西都可能与召唤大自然神灵的仪式有关。人们将举行仪式的人称为萨满，他们一般在狩猎前、孩子出生时、人们生病以及死亡时举行仪式。

洞穴是萨满巫师之地？

我们可以想象，巫师们在神秘的洞穴内部实现与大自然神灵的沟通。同时在那里，相应的壁画以及第一批乐器留存至今。科学家们认为，一些洞穴壁画是由巫师创作的，他们通过咒语仪式使自己进入恍惚状态从而进行创作。

石刀准备好了吗？我们可以开始了！

病人可能通过催眠或草药被麻醉了。

不可思议！

新石器时代的医生竟然还会为病人实施头部手术！很多地方的出土遗迹都表明了这种手术的存在，例如在德国萨克森—安哈尔特州的普里茨霍纳。在法国阿尔萨斯的昂西塞姆发现了最古老的手术证据——一个7000多年前的男人头骨上有两个比鹅蛋还大的钻孔，但它们后来都愈合了。这表明这名男子在经历了手术后又存活了好多年。

死亡 与来世信仰

一位考古学家小心翼翼地挖开一座新石器时代的坟墓。当时被埋葬的人侧身躺在地上，他们的双腿蜷缩，呈下蹲的姿势。

早在冰期，人们就开始埋葬死者。葬礼对于今天的我们而言，似乎是一件很平常的事，但实际上可能并非如此。人们费尽心思举办葬礼是为什么呢？失去亲人的人们是否感到悲伤？他们是否有纪念死去亲人的意愿？这可能意味着，当时的文化已经发展到一个程度，他们甚至产生了这样的想法：今生结束之后可能会有来世。然后他们就产生了类似对来世的信仰，甚至一种宗教。

最早的葬礼

目前已发现的最早的石器时代的坟墓都在洞穴或岩石中，深度大约只有1米，非常浅。毕竟，那时候还没有铲子，所以挖掘起来非常费劲！就像今天一样，下葬时人们把死者仰面放进坟墓里，也有些死者是侧躺着，双腿弯曲。新石器时代的线纹陶艺术家了解不同类型的埋葬方式：个人坟墓和公共墓地，埋葬全尸或只是部分身体。此外，那时也出现了火葬。

西班牙阿塔普埃尔卡出土的人类骨骸已有80万年的历史。

坐姿埋葬死者

这两名30岁左右的女性被埋葬时戴着首饰，保持坐姿，身体被鹿角保护着。这是人们在法国布列塔尼的一个岛上发现的。

华丽的装饰

这位女性是以坐姿被埋葬的，她的遗骨周围装饰着许多贝壳。这是在德国萨克森—安哈尔特州的萨尔茨明德被发现的。

披金戴银踏上来世之旅

人们为死者的来世生活做了充足的准备。陪葬品有工具、珠宝和陶瓷。死者通常躺在烧焦的松木上，身上覆盖着红色的赭石。这种葬礼主要由晚期智人举行，即"现代的人类"。在一些地方，人们认为，死者不再需要自己的身体，所以他们只埋葬死者的头部。

给予孩子的大爱

人们会小心翼翼地埋葬儿童。1993年，在叙利亚大马士革附近，人们发现了两具尼安德特人儿童的遗骸，大约有5万年的历史。他们的埋葬方式和成年人一样。1998年，考古学家在葡萄牙发现了一个四岁左右儿童的坟墓。他躺在一根松树枝上，身上覆盖着赭石，脖子上戴着蜗牛吊坠，头上戴着鹿齿。

房屋地下的坟墓

把死者埋葬在住房的地底下？这听起来像是侦探小说里的情节。然而，在大约7400年前，许多人想要与死去的亲人保持较近的距离。在土耳其的加泰土丘，死者实际上被埋葬在家人房屋的地板下！为了让死者在来世也能过上美好的生活，人们会将浆果、谷物、鸡蛋，甚至是肉作为陪葬。男性的坟墓里还有武器，比如箭头和匕首。而在女性的坟墓里，人们则发现了赭色颜料残迹、化妆品和抛光的黑曜石制成的镜子。男性和女性一样，都戴着动物牙齿串成的项链。令人毛骨悚然的是，加泰土丘人为了减少尸体散发出的恶臭，会事先将尸体暴露在秃鹰面前，当尸体上的肉被啃食完后，人们才将其骨头埋葬在房子的地板下。

一片混乱

石器时代没有像后世那样的战争，但也会有人因为食物和领地而产生冲突。埋葬着数百名死者的大公墓证明了他们其实是血腥暴力的牺牲者。这种令人毛骨悚然的遗迹是在德国艾费尔的赫尔克斯海姆、内卡河畔的塔尔海姆，以及奥地利的施莱茨被发现的。考古学家得出的结论：人类之间一直存在着各种暴力冲突。

温情的埋葬：在葡萄牙的拉加威尔豪，人们在一座史前儿童的坟墓里发现了小兔子的遗骸。

有趣的事实

20世纪70年代，研究人员在伊拉克的一个尼安德特人的坟墓中发现了花粉。于是他们认为尼安德特人用鲜花装扮死者。这完全是错误的！其实，这些花粉是田鼠带进坟墓里的。

戈瑟克圈：科学家认为这可能是世界上最古老的太阳观测台。在冬至日当天，它的门正好对着日出日落的方向。

神秘的
木质圆圈

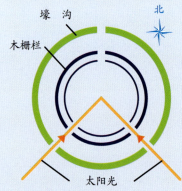

壕沟
木栅栏
北
太阳光

捕捉太阳

冬至日太阳光的入射点（黄线）：右边为日出时分，左边为日落时分。

它比古埃及人建造的金字塔还要古老得多！大约 6800 年前，中欧的农民和牧羊人用木头和泥土建造了这个巨大的圆圈。这是一项伟大的工程！目前已知这样的圆环结构有 120 个，分别位于今天的德国、捷克、斯洛伐克和奥地利。它们的建造者是新石器时代定居在那里的人。人们修建住宅区、耕种田地和饲养牲畜，他们不是很忙碌吗？为什么还有空修建如此宏大的工程呢？

艰巨的任务

村庄派了很多壮汉去挖大约 2.5 米深的壕沟。这些壕沟呈圆形，其中一些圆形直径可达 100 米甚至更大。人们必须挖走大量的泥土——但那时候还没有挖掘机或金属铲，只能借助木头和石头制成的工具以及自己的双手。在壕沟围成的圆内，人们用木头筑起圆形的栅栏墙。这项工程持续了很多年，因为大多数时候，男人们还必须参与住宅区的工作，比如田间劳

挖掘考察戈瑟克圈时，考古学家和居民都对此充满热情。直到今天，仍有不少人在那里发掘旧物。

1991年人们从空中发现了戈瑟克圈，并从2002—2004年对它进行挖掘考察。它的十字形主轴和三个环形轮廓在空中清晰可见。

作、饲养动物、建造房屋、制作工具以及衣物。此外，已经挖好的壕沟还经常发生塌陷。这项工程真的十分艰巨！

大功告成！现状如何？

历经多年，这座由2~4个圆形壕沟组合而成的令人叹为观止的建筑依然屹立不倒！巨大的中央区域被两道非常高的环形木栅栏围住，要想进到这里需要通过土桥。当然，内圈的木栅栏也有多个开口，真正的大门在外圈栅栏。很显然，不是每个人都能走进这里！这个木质圆圈内到底发生过什么事情呢？

秘密行动的场所

考古发掘人员常常感到失望，因为在这些圆形沟渠中，人们几乎找不到任何可以证明这个巨大建筑用途的相关物品。而在德国瑙姆堡附近的戈瑟克圈则是幸运的，2002年以来出土的数具人类遗骸证明了这里肯定举办过宗教仪式。此外，科学家们还观察到，大门的开口方向与太阳的走向是一致的。通过大门，我们能观察到冬至日和夏至日太阳的位置，这就是戈瑟克圈被称为太阳观测台的原因。在这里，知晓天相之人或萨满巫师接触到了自然的力量。

所有活动的举办地

并非所有新石器时代的圆形建筑都用于太阳观测或举办宗教仪式，有些也可能是周围村庄的集会地点。人们可能会在那里举行庆祝活动或交换物品。当然，我们也可以想象，随着时间的推移，建筑的用途也会发生变化。唯一可以确定的是，没有人住在里面，因为住宅区就在旁边。渐渐地，圆形的壕沟建筑不再流行。人们不再使用这些建筑，沟渠也慢慢被泥土填平了。

➤ 你知道吗？

大多数圆形沟渠都是人们在最近几十年从空中发现的。在粮田中，从前的沟渠呈现出一条条浅绿色的线条，这是因为那里的植物生长得更好。绿色的田地包围着淡绿色的植被，旧墙体的轮廓渐渐显现出来。

人们在空中还发现了秘鲁的纳斯卡巨画，这里是一个蜂鸟图案。这些巨大的线条画作虽然很古老，但却是在石器时代之后的几个世纪才诞生的。

巨石建筑

科西嘉岛上的丰塔纳契亚支石墓，
盖板长3.4米，宽2.9米！

"巨石 (Megalith)"一词源于希腊语，意思是"巨大的石头"。这些石头确实非常巨大，在没有起重机或其他机器的情况下，我们的祖先们是如何用巨石创造出如此宏伟的建筑物的呢？这项工作开始于距今约5800年前，在欧洲的许多地方，人们建造了巨石墓(也被称为支石墓)以及石庙。它们重达50吨，有的甚至有300吨。这些建筑分布在斯堪的纳维亚半岛、不列颠群岛、法国的北部、西班牙的西部、科西嘉岛、撒丁岛、西西里岛、马耳他以及北非。

巨人的坟墓?

在德国的吕根岛及埃姆斯兰，人们也发现了新石器时代的巨石墓。它们通常由巨大的石块组成。巨石墓总是激发着人们的想象。一些坟墓有童话故事背景或不祥的名字，例如"魔鬼的熔炉"。在很长一段时间内，参观者都感到十分惊讶，他们觉得自己仿佛站在巨人的坟墓前，并由此产生了"巨墓"一词。然而，研究人员早已证明，巨石墓不是为个人建造的，更不是为身材高大的人或部落首领建造的。它们是整个村庄的墓地或尸骨存放地，多达200人被埋葬在这里，埋葬仪式则在一个前厅举行。

高约4.7米

27块巨石之一

位于苏格兰奥克尼群岛上的布罗德盖石圈是一个直径近104米的完美圆圈，它也被称为"北方的埃及"。

马耳他岛 ➤

为什么要建造这些巨石建筑?

与洞穴壁画、雕刻以及巨大的木质圆圈一样,这些巨石建筑既不能填饱肚子,也不能御寒保暖,为什么石器时代的人们还为此花费这么多精力呢? 考古学家猜测,这与他们的自然宗教观念相符合,人们要为自己所在的族群服务。通过合作建造这些巨石建筑,整个组织的人聚集在一起,从而加强了他们的集体意识。此外,大型建筑也可能是与其他群体划清界限的一种手段。

北部高,南部深

5000多年前,苏格兰奥克尼群岛的居民在布罗德加尼斯建造了一个宏伟的建筑群。几年前,它的发现引起了考古学界一阵轰动。建筑群的中心是一个巨大的石碑,不远处还耸立着一座高大的墓冢——梅肖韦古墓,它已有4500多年的历史。在二者的视线之内,有两个壮观的石圈——布罗德盖石圈和斯丹尼斯立石。这些建筑明显比英国著名的巨石阵要古老得多。

此外,马耳他也保留着令人惊叹的巨石建筑。5000多年前,当地居民首先在洞穴内建造了石庙,随后建造了巨石建筑。迄今为止,马耳他岛上还保存着23座巨石建筑。

马耳他巨石文化的见证——哈尔·萨夫列尼地下宫殿。当时的人们在这座地下宫殿中举办宗教仪式。它也是一座墓地,7000多人被埋葬在这里。

巨石的神奇力量

如果仅仅依靠拉力,人们是很难搬动一块重达数吨的石头的。

但如果把石头放在原木上滚动,那么一切都变得轻松多了。

哇,这巨石太重了!!!

如果只依靠绳索❶,我们是无法搬动重达数吨的巨石的。而原木❷却是一个好帮手! 运输重石需要精湛的技术。据推测,巨石建筑的建造者们通过使用滑动座架和滚动的原木来运输这些巨石——移动距离长达好几千米! 对于许多建造者❸来说,这会耗费大量的时间和精力,如果没有共同完成这项任务的强烈意愿,这是不可能成功的。当需要把巨石立起来时,人们会使用到杠杆,而不是纯粹依靠拉力。这些新石器时代的农民真聪明!

一旦这块厚厚的巨石滚动起来,之后的工作就不那么费劲了。但是人们是如何让大石块滚动起来呢? 之后又是怎么把石块竖立起来的呢?

巨石阵

巨大的石圈是体现当时人类技术的杰作，其中最著名的是位于英国南部的巨石阵。这座建筑约有 5000 年的历史，石柱组合成几个完整的同心圆。最外围的石柱圆圈直径约 30 米，是由多个高约 4 米的长方形石柱构成的。石柱之间相距大约 1 米，每两根竖起的石柱上会架起一块水平放置的石板。第二层石圈则是由 60 块独立的石头组成，这些石头明显较矮。再往里一圈是一排"大门"，每个门由两块垂直竖起的石柱和一个水平石板组成，它们连在一起，共同构成一个马蹄形结构。

从空中俯视巨石阵，我们能清晰地看到外层的土墙和壕沟的轮廓，以及环形土坑。我们也可以看到，如今有很多石块都消失了。

知识加油站

▶ 人们把巨大的石头称为"立石"，这个词语源于布列塔尼语，意为"长长的石头"。立石在法国北部的布列塔尼特别常见，在西欧其他地方，以及其他大陆上也有许多立石。德国最大的立石是萨尔兰州的格勒恩石柱，其高度达到了 6.6 米。

四周和内部

整个巨石阵都被土岗和壕沟包围着，内侧紧挨着几十个圆形土坑。在圈内，有一条宽阔的通道通往石柱。这条通往石柱的通道、马蹄形巨石结构的中轴线和夏至日早晨初升的太阳处在同一条线上。所以，据推测，巨石阵也是一个太阳观测站，但它的作用不仅局限于此。

千年建成巨石阵

科学家们发现，巨石阵中巨大的蓝砂岩是从 30 至 380 千米以外的地方运送过来的。每一次运输都要花费大量的人力和时间。人们花

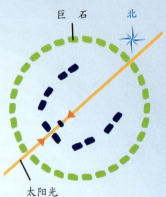

位于中心的太阳

夏至日，日出时的阳光正好落在巨石阵石圈的中心。

了将近 1000 年的时间才成功建成巨石阵！在此期间，这个建筑的用途肯定发生了多次改变。后来，人们在它四周建造了墓地和寺庙。可以确定的是，这座建筑对当时的人们来说一定都非常重要。这样一来，我们就能解释为什么史前人类要付出如此巨大的心血去修建这座建筑。后来，巨石阵和类似的建筑物逐渐被废弃。科学家们推测当时人们的生活和思想都发生了巨大的变化。

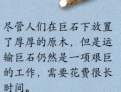

尽管人们在巨石下放置了厚厚的原木，但是运输巨石仍然是一项艰巨的工作，需要花费很长时间。

巨石阵施工现场

经过艰苦的运输后，一块重达 25 吨的蓝砂岩到达施工现场，它要在这里被打磨成标准规格的长方形巨石。接下来人们把巨石 ❶ 竖立起来。在此过程中，人们运用了坑道、拉力和杠杆作用。然后，人们将石板水平放置在 4 米高的巨石 ❷ 上。建造者可能要采用木头 ❸ 搭建一个支架，从而使水平石板随着支架的上升而一步步被抬高。到达一定高度后，石板被推到合适的位置。这个木质支架可以重复使用。中间的马蹄形结构 ❹ 也可能是以同样的方式建造的。完成整个工程所需的时间是数百万小时。

小心！这里非常烫！铜的熔点超过 1000℃。在奥茨冰人所处的时代，既没有长长的金属钳子，也没有防护装备。

← 铜刀片

新时代的来临

奥兹冰人的铜斧完好地保存了下来。这是同类工具中唯一带有刀片的，刀片被桦树树脂和韧皮带固定在长长的手柄上。

在距今大约 5250 年前的一个春天，一名男子在南蒂罗尔的阿尔卑斯山跋涉了数天。他正在很高的山上歇息，享用着美味的菜肴。突然，他被一支背后飞来的箭射中，没过多久便死了。厚厚的冰雪覆盖了这名男子，冰川将他的尸体及其所携带的所有物品完好地保存下来。直至1991年，冰川消退了，这名男子的遗骸暴露了出来。登山者在海拔 3210 米的地方发现了他。由于他是在奥茨塔尔阿尔卑斯山脉地区被发现的，所以人们称他为"霍斯拉伯乔奇的冰川木乃伊"。后来，他以"奥茨冰人"一名闻名于世。这名男子身上有很多神奇的地方，尤其是他随身携带的斧头，它的刀片是铜制的。

从石器到铜器

铜的加工开始于中东地区：在那里，人们找到了拥有 1.1 万年历史的铜制品。几千年来，关于金属的知识不断向西方传播。第一批铜制品被运送到欧洲。起初，它们可能只是展示品，用来炫耀的东西。距今大约 8000 年前，人们在现今的塞尔维亚地区开采和加工铜矿石。渐渐地，阿尔卑斯山脉的南部和北部也建立起了生产基地。富有创造力的人们懂得了如何铸铜，众多有用的工具诞生了，这其中最重要的是用于砍伐树木的短柄斧头和长柄斧头。有了它们，很多工作都变得轻松多了。直到大约 4000 年前，铜制品还十分稀缺，很少人能拥有铜斧。"奥茨

孔雀石是一种绿色矿物，其组成成分一半以上都是铜。人们可以通过几个步骤把其中的铜提炼出来。

▶ 铜是一种淡红色的软金属。纯铜在自然界中很少见。因此，找到可以提炼铜的矿物或矿石很重要。

▶ 各种金属加工技术称为冶炼。整个过程非常复杂！因为它需要非常高的温度和大量的专业知识。

▶ 如果我们把铜与锡混合起来，就会得到稳定性更强的青铜。未来的世界属于青铜。

冰人"一定是个重要人物，因为他随身携带了如此珍贵的物品。

首次批量生产

很显然，人们对铜的需求增加了，所以不断开发新的矿区。具有开创性的是，人们发明了由黏土烧制而成的铸模。这些模具可以重复使用，所以人们可以在短时间内生产大量相同的工具，这使得批量生产成为可能。除了工具之外，铜铸造者还制造武器。第一批锻造金属的"冶金家"受到高度重视和追捧，他们的坟墓被装饰得十分华丽。

一切都变了

数万年来，某种特定文化中的个人坟墓，其布置和装饰方式一直都是类似的，但现在的情况已经不是这样了。随着金属的出现，社会文化也发生了改变。人们的住宅变得更坚固，因此能更好地保护自己免受他人的攻击。一些人不远万里而来，从事长途贸易。人与人之间的差异越来越明显：有人控制了铜矿开采，并因此掌握了大权。与拥有较少铜矿的人相比，有钱有势的人脱颖而出。绳纹文化时期的人甚

至将重要的人埋葬在自己的坟墓中。这些新石器时代的"大人物"都有一个不可缺少的身份象征：一把铜制的战斧。石器时代本是一个地位和权利平等的社会，而现在变成了等级森严的社会，人与人之间存在等级差别，分为"上层"和"下层"。这也意味着，宏伟的集体工程时代，即巨石建筑时代已经成为过去，青铜时代来临！

内布拉星象盘拥有 3600 年历史，它由青铜制成，上面还镶嵌着黄金制作的符号。

铸模铸造金属

黏土铸模 ❶ 包裹所需物体的形状成型。它必须密封隔绝，并且可以打开，以便多次重复使用。多余的空气会通过一个小通道排出。向铸模中浇铸熔化后的金属 ❷，之后金属会冷却而硬化成相应的形状。通过这种方法，人们能在较短时间内生产相同类型的金属器件 ❸。

石器时代与今天

2007 年，一位驯鹿人在西伯利亚发现了冰封的猛犸象幼仔"柳芭"。

像《摩登原始人》或《冰川时代》这样的电影都表明了，石器时代的狂潮已经到来。许多人都对早已灭绝的巨型动物以及人类的起源十分着迷。人们也在不断地发现新的出土物，并对其进行研究。长期以来，石器时代的历史一直是学校的必修课程。

最新技术的投入使用

每一项新的发现都会加深我们对石器时代的了解，这要归功于现代计算机技术和越来越精细的测量技术。通过这些技术，人们知道了奥茨冰人的信息：他有棕色的眼睛，有文身，乳糖不耐受，而且去世前在吃肉；犯罪学家也证明了，奥茨冰人是被谋杀的。猛犸象幼仔"柳芭"的死因也得以揭开：它可能是从堤岸上滑入泥潭中，然后窒息而死的。然而在 20 年前，人们是无法查明这一切的。

莱尔，被称为"传奇之地"：至今仍沉浸在石器时代的生活之中。

体验石器时代

如果你不想仅通过书籍或电影来了解石器时代，那么可以前往考古公园和博物馆中亲身体验。在德国的厄灵豪森考古露天博物馆和希茨阿克考古中心，我们能了解石器时代的日常生活。位于石勒苏益格—荷尔斯泰因州的阿尔伯斯多夫考古生态中心和梅特曼的尼安德特人博物馆也是值得一游的胜地。在博登湖湖畔的下乌丁根的干栏式建筑博物馆和巴特布豪的费德尔湖博物馆也可以让参观者沉浸式地去体验石器时代的生活。最著名的则当属丹麦罗斯基勒附近风景优美的莱尔考古中心和奥地利阿斯帕恩宫中的史前历史博物馆。

在博登湖湖畔的下乌丁根，我们能参观重建的史前湖岸干栏式建筑，并从中了解大量的关于新石器时代的知识。

石器时代的饮食

如今，关于石器时代饮食的书籍非常受欢迎，因为越来越多的人无法忍受今天的饮食，想要回归原始。这种趋势甚至在狗粮中也得到明显的体现。

越过阿尔卑斯山

穿戴石器时代的装备徒步350千米穿越阿尔卑斯山？！2006年，两名"重回石器时代"的参加者大胆体验了一回。他们穿着皮革、草衣和皮鞋，背包里装着最必要的食物和工具。他们晚上睡在隐蔽安全的地方。两名参加者一次又一次地接近体力极限。但最后，他们成功穿越了阿尔卑斯山！

有关石器时代的实验

在实验考古学中，人们仿制古老的工具并试用。考古技术人员发现了史前人类生火、缝衣服和打磨石器的方法，还测量了石器时代的长矛能飞多远。他们建造了测试设施，并在多瑙河上划独木舟。精力充沛的探险家们甚至尝试过运输巨石——真是汗流浃背的体验！研究石器时代还有一种不太科学的方法——"重演历史"：一组人脱离现代的日常生活，试图在过去的时代生活一段时间。

在德国西南广播公司的电视系列片"重回石器时代"中：2006年，13人在仿建的木桩建筑中生活了8周。

名词解释

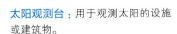

最早的手斧大而粗糙，随着时间的推移，这种工具打造得越来越锋利。

南方古猿：生存于距今 400 万至 100 万年前，在"人属"出现之前的类人动物总称，主要分布于非洲东部和南部。

线纹陶文化：新石器时代文化，距今 7500 至 7000 年前，因陶器表面装饰有带状花纹而得名。

桦树树脂：从桦树皮中获取的黑色焦油状黏合剂。

支石墓：由数块大巨石和一块盖板组成的墓室。

单粒小麦和二粒小麦：两种最古老的谷物。它们起源于野生小麦，人们自新石器时代以来一直在种植。

手 斧：人类最早有意识地设计的工具。手斧大约是在 180 万年前被发明的，它由岩石和石英岩制成，少数情况下也用燧石。

火 石：非常坚硬的岩石，呈层状或结核状，很容易被劈开。火石也叫作燧石，是一种硅质岩石。

化 石：石化的生物残骸。

赤铁矿：由氧化铁组成的矿物质，粉碎后可用作红色染料，也叫作赭石。

直立人：生存于距今 180 万到 20 万年前的非洲，后来迈向了亚洲和欧洲。直立人学会了控制和使用火。

能 人：生存于距今 250 万到 150 万年前，最早使用工具的人。

晚期智人：这种人类于距今大约 30 万年前在非洲进化而来，并在大约 4.3 万年前来到欧洲。

新石器革命：新石器时代初期人类的生活方式发生了根本性的变化，人们由游居的狩猎采集者转型为定居的农民。

铜：一种淡红色的软金属，易于加工。除了金、银和锡之外，铜也是新石器时代人们最早使用的金属之一。

巨 石：巨大的石头，能单独竖立起来。也被称为"立石"或"巨石柱"。巨石被用于建造坟墓（支石墓）、寺庙或石圈。

冶金家：精通金属提炼和加工的人。

尼安德特人：生存于距今 20 万到 3.9 万年前。因为最早在杜塞尔多夫的尼安德特河谷附近的洞穴中被发现而得名。

黄铁矿：一种可用来生火的矿石。当燧石猛烈撞击黄铁矿石时，黄铁矿会冒出火花。

放射性碳素断代：通过测量物体内的放射性同位素碳 14 的含量来确定其年龄。含量越低，表明该物体越古老。

萨 满：进入恍惚状态，能与神灵世界沟通的巫师或治疗师。

太阳观测台：用于观测太阳的设施或建筑物。

长矛投掷器：一种带钩状物的棍子，能将长矛投得更远。

木蹄层孔菌：一种生长在树上的真菌，可以用来点火。

STEINZEIT Die Zähmung des Feuers

By Andrea Schaller

© 2015TESSLOFF VERLAG, Nuremberg, Germany, www.tessloff.com

© 2023 Dolphin Media, Ltd., Wuhan, P.R. China

for this edition in the simplified Chinese language

本书中文简体字版权经德国 Tessloff 出版社授予海豚传媒股份有限公司，由长江少年儿童出版社独家出版发行

版权所有，侵权必究。

图书在版编目（CIP）数据

石器时代 / （德）安德烈·沙勒著；马佳欣，梁进杰译. — 武汉：长江少年儿童出版社，2023.4

（德国少年儿童百科知识全书：珍藏版）

ISBN 978-7-5721-3764-8

Ⅰ. ①石… Ⅱ. ①安… ②马… ③梁… Ⅲ. ①石器时代—历史—世界—少儿读物 Ⅳ. ①K11-49

中国国家版本馆CIP数据核字(2023)第022965号

著作权合同登记号：图字 17-2023-025

SHIQI SHIDAI

石器时代

[德] 安德烈·沙勒 / 著　马佳欣　梁进杰 / 译

责任编辑 / 蒋　玲　熊　倩

装帧设计 / 管　裴　美术编辑 / 熊灵杰

出版发行 / 长江少年儿童出版社

经　销 / 全国新华书店

印　刷 / 鹤山雅图仕印刷有限公司

开　本 / 889×1194　1 / 16

印　张 / 3.5

印　次 / 2023年4月第1版，2023年9月第4次印刷

书　号 / ISBN 978-7-5721-3764-8

定　价 / 35.00元

策　划 / 海豚传媒股份有限公司

网　址 / www.dolphinmedia.cn　　邮　箱 / dolphinmedia@vip.163.com

阅读咨询热线 / 027-87677285　　销售热线 / 027-87396603

海豚传媒常年法律顾问 / 上海市锦天城（武汉）律师事务所　张超　林思贵　18607186981

船的故事
从独木舟到远洋巨轮

飞机的秘密
人类飞行的梦想

火山探秘
来自地底的大脑

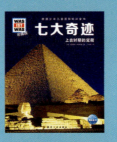
七大奇迹
上古时期的宝藏

汽车世界
精彩的汽车发展史

鲨鱼家族
海洋里的捕猎好手

百变天气
阳光、风暴暴雨

穿越大自然
探究与保护

鲸和海豚
海洋里的哺乳动物

恐龙王国
永远消失的统治者

矿物与岩石
闪闪发亮的宝藏

爬行与两栖动物
蜥蜴、林蛙和蟾蜍

大自然的力量
难以估量的威力

改变世界的电
高电压和超导体

各种各样的鱼
水下的奇幻世界

猫的家族
拥有软软脚爪的敏捷猎手

奇境森林
动物和植物的天堂

忠诚的狗
四条腿的英雄

浩瀚宇宙
宇宙的秘密

狼的故事
走进荒野猎食者的领地

蚂蚁和白蚁
了不起的建筑师

美丽的蝴蝶
色彩绚丽的昆虫精灵

蜜蜂和胡蜂
美味的蜂蜜与致命的毒针

潜水的魅力
潜入水下的迷人世界

古老的希腊文明
神祇、英雄和诗人

古罗马生活
古罗马城的社会百态

欧洲风情
人口、国家和文化

骑士时代
城堡、比武大会和贵族女性

舞动的音符
走进音乐的奇妙世界

古老的城堡
中世纪的冠冕

熊的秘密生活
棕熊、大熊猫、北极熊

化石档案
生命的痕迹

奇妙的昆虫
六条腿的生存艺术家

极地世界
生活在冰雪王国

神秘的蜘蛛
丝线上的猎手

大象王国
温柔的"巨人"

海底宝藏
沉没的宝藏

2023 NEW

海洋之谜
海洋研究与保护

2023 NEW

火星登陆
红色星球探定计划

2023 NEW

忙碌的农场
动物、植物和农业机械

2023 NEW

时尚魅影
时尚的古与今

2023 NEW

全球气候
冷暖和气候变化

2023 NEW